Para Sabina
E.C.

A Carmen, Adrián, Itzel y la pequeña Mariana.
Claro, sin olvidar a Dora y Kala
L.S.V.

COORDINACIÓN DE LA COLECCIÓN: Mariana Mendía
PROYECTO Y COORDINACIÓN EDITORIAL: Rodolfo Fonseca
COORDINACIÓN DE DISEÑO: Javier Morales Soto
DISEÑO Y FORMACIÓN: Angie Aladro Maldonado
ASISTENCIA EDITORIAL Y CORRECCIÓN DE ESTILO: Ricardo Maldonado Gutiérrez

Hablemos con la tierra

Texto D.R. © 2017, Ernesto Colavita
Ilustraciones D.R. © 2017, Luis San Vicente

PRIMERA EDICIÓN: diciembre de 2017
D.R. © 2017, Ediciones Castillo, S.A. de C.V.
Castillo ® es una marca registrada.

Insurgentes Sur 1886. Col. Florida.
Del. Álvaro Obregón.
C.P. 01030. México, D.F.

Ediciones Castillo forma parte del Grupo Macmillan.

www.grupomacmillan.com
www.edicionescastillo.com
infocastillo@grupomacmillan.com
Lada sin costo: 01 800 536 1777

Miembro de la Cámara Nacional
de la Industria Editorial Mexicana
Registro núm. 3304

ISBN: 978-607-540-017-4

Impreso en México/ *Printed in Mexico*

Hablemos con la tierra

Ernesto Colavita

Luis San Vicente

castillo
A Macmillan Education
Company

Giroscopio

Tierra,

fuego,

aire y agua

Todas las cosas que existen pueden encontrarse en cuatro formas diferentes: sólidas, como la tierra; líquidas, como el agua; gaseosas, como el aire; o ardiendo, como el fuego.

8

La tierra es el suelo sobre el que caminamos,
y a veces parece interminable...

En ella habitan muchos seres vivos,
y con su ayuda crecen los árboles.

Mira un puñado de tierra.
¡Verás que guarda muchas cosas!

Hojas, agua, restos de seres vivos y partículas de diferentes tamaños o colores. ¡Algunas son brillantes!

Las partículas son fragmentos de roca y minerales.

Los más grandes son grava; los medianos, arena; y los más finos, arcilla.

La arcilla es tan pequeña como el polvo.
Para observar los detalles de cada una de sus
partículas, necesitarías una lupa.

Hay suelos, como los desérticos, que tienen mucha arena, poca grava y arcilla, y escasos restos de seres vivos.

Pero también hay suelos, como en los humedales, que tienen mucha arcilla y pocos restos de seres vivos, arena y grava.

El suelo de los bosques y selvas tiene gran cantidad de restos de seres vivos, los cuales se transforman en alimento para las plantas. También cuenta con suficiente arena y arcilla de color oscuro. Esto es conocido como humus.

Por el humus fluye el agua sin problema, y ésta es aprovechada por las raíces. Debido a ello, los bosques y selvas son lugares ricos en plantas.

Por el contrario, el agua se pierde rápidamente en los suelos muy arenosos, sin que sea absorbida por las plantas.

Y en los suelos muy arcillosos,
el agua encharcada puede ahogarlas.

Entre más árboles tenga un bosque,
habrá más hojas que caerán para
transformarse en humus.

Por ello, cuando se talan los árboles, ¡la tierra se empobrece!

Si en tu casa juntas los desechos de comida y los revuelves con un poco de tierra durante algún tiempo, se transformarán (como ocurre en el bosque) en una especie de humus, llamada composta.

¡**La composta** ayuda a no generar demasiada basura, y a que tus plantas crezcan hermosas!

Tierra, fuego, aire y agua pueden combinarse. Cuando la tierra arcillosa se combina con agua, se forma una masa moldeable.

ARCILLA

Y es increíble lo que sucede si se le aplica el calor del fuego a esa masa: ¡se endurece con la forma moldeada!

El resultado es la cerámica que la humanidad ha utilizado desde la antigüedad.

La tierra está formada por partículas de rocas de distintos tamaños, las cuales se han fragmentado por el efecto del calor del sol y la lluvia.

Pero si el calor es mucho más intenso, como el que hay en las profundidades de nuestro planeta, las rocas se derriten.

A veces, ese líquido de rocas, conocido como lava, escapa hacia la superficie con violencia, desde montañas llamadas volcanes. Cuando la lava se enfría, se forman rocas.

Por otra parte, la fuerza del viento sobre la tierra arenosa de los desiertos provoca tormentas impresionantes, ¡capaces de enterrar una casa entera en tan sólo unas horas!

La tierra es el suelo sobre el que caminamos, y a veces parece interminable.

a huerta

Desde hace miles de años, la humanidad aprendió a sembrar diferentes plantas. Hoy lo podemos hacer en pequeños espacios llamados huertos, donde es posible cultivar hortalizas y plantas aromáticas.

Usando tierra y tu propia composta, puedes hacer un huerto en casa.

1
Consigue una caja, tierra y semillas.

2
Coloca una capa gruesa de tierra en la caja y haz surcos.

3
Deposita las semillas y cúbrelas con la tierra.

4
Riega con agua, humedeciendo toda la tierra.

5
Espera pacientemente, pues la recompensa es deliciosa y nutritiva.

La leyenda de la creación del hombre

Se narra en el *Popol Vuh* (un antiguo libro maya) que, hace mucho tiempo, los dioses se reunieron para crear el mundo. Hicieron luces y sombras, valles y montañas, desiertos y bosques, mares y ríos. Luego dieron vida a los animales, para que habitaran el mundo. Pero, como éstos no podían hablar, decidieron crear personas.

Entonces comenzaron a moldearlas con tierra mojada. Sin embargo, ¡se deshicieron cuando llovió! Más tarde, acordaron hacerlas de maíz, ¡y funcionó! Las personas pensaban, bailaban y cantaban.

Fue así como los dioses crearon a nuestros ancestros, a partir del maíz. El maíz que crece de la tierra.

Esta obra se terminó de imprimir
en diciembre de 2017 en los talleres de
Editorial Impresora Apolo, S.A. de C.V.
Centeno 150-6, Col. Granjas Esmeralda,
Delegación Iztapalapa, C.P. 09810,
México, D.F.